25386

LAMENTATIONS
DES
JÉSUITES

M. DCC. LXIII.

LAMENTATIONS
DE LA SOCIETÉ
CI-DEVANT DITE
DES JÉSUITES,
A L'IMITATION DE CELLES DE JÉRÉMIE,

*Où l'on pleure les malheurs dont ils se sont rendus
si dignes par leurs forfaits.*

LEÇON PREMIERE.

Quomodo sedet. Sola civitas. Lament. Jérém. ch. 1.

The. Que notre sort est déplorable !
Quel malheur, quel désordre & quelle dureté !
On outrage, on détruit notre Société,
  Cette Reine si redoutable,
  Qui dominoit sur l'Univers :
Elle est veuve, elle souffre un si cruel revers ;
  Que désolée & solitaire,
  Elle est maintenant tributaire
De ceux qu'elle tenoit autrefois dans les fers.

Plorans ploravit.

 Ter. Dans l'effroyable nuit où son destin la plonge,
  Son visage est baigné de pleurs.
  Bien loin de plaindre ses malheurs,

On les regarde comme un songe;
Personne n'est troublé de ses gémissemens,
On rit de ses abaissemens :
Et ce qu'à peine on devroit croire,
On voit ses plus anciens amis
Se faire un plaisir, un gloire
Et même une vertu, d'être ses ennemis.

Migravit Judas.

Ru. En vain de tous côtés, nous cherchons à nos peines.
Quelque léger soulagement.
Nous ressemblons aux Juifs dans notre aveuglement.
L'Egypte où nous fuyons ne donne que des chaînes,
Par-tout le désespoir nous suit,
Point de repos ni jour ni nuit :
Toujours nouveau sujet de trouble & de tristesse.
Et tout notre effort nous réduit
A mieux sentir notre foiblesse.

Viæ Sion lugent.

Tre.   Quel horrible renversement !
Quel monstrueux accablement !
Depuis notre disgrace on méprise nos Fêtes :
De nos Temples déserts les chemins peu frayés,
Leurs toits mal affermis, aux Passans effrayés,
N'offrent que des objets qui menacent leurs têtes.
Nos Prêtres sont sans voix & sans autorité.
Par cent cruels maux éprouvés,
Notre Societé est de fiel abreuvée ;

Facti sunt hostes.

Dou. Des maux qu'elle ressent, le plus sanglant pour elle,
Est que ses ennemis usurpent sa faveur.
Ses dépouilles font leur splendeur,
Ils la traitent comme infidelle.
Tes jugemens, Grand Dieu, sont remplis d'équité,
Tu n'à pour cette Ingrate, que trop été propice :
Il est temps que ton bras, justement irrité,

S'empresse à punir sa malice.
Mais l'on craint, en voyant son indocilité,
Que, sans la corriger, ton bras ne la punisse.
Jerusalem, Jerusalem.

   Societé, Societé,
   Pleurez & faites pénitence,
   Mettez en Dieu votre espérance :
   Il est toujours plein de bonté,
   Pleurez & faites pénitence.

LEÇON II.

Et egressus est.

Al. La fille de Sion a perdu sa beauté,
  Sa splendeur est évanouie.
  Oh métamorphose inouie !
  Les Grands de la Societé
  Sont des moutons sans pâturage.
  Ses vieillards sont demi-mourans,
  Transis de peur, foibles, errans.
  Cruel état, triste esclavage !

Recordata est.

Dan. Gémissant sous le poids de son affliction,
  Elle n'a d'autre attention
  Qu'à repasser dans sa mémoire,
Sa disgrace présente, & son ancienne gloire.
Mais, hélas ! ce qui met le comble à ses douleurs,
C'est de voir ses enfans traités en misérables,
Et ses fiers ennemis, toujours inexorables,
  Joindre l'insulte à ses malheurs.

Peccatum peccavit.

Ger. Depuis qu'elle a commis le crime,
Comme une vagabonde, elle fuit en tous lieux.

A ses propres flatteurs son nom est odieux,
De leurs ris elle est la victime.
En vain elle voudroit, dans le sombre avenir,
Entrevoir sa gloire passée :
Elle en occupe sa pensée ;
Mais son plus grand tourment, c'est de s'en souvenir.

Sordes ejus.

Sou.   Son orgueil l'avoit aveuglée
Jusqu'au dernier instant de sa félicité.
Tant qu'elle étoit heureuse, en son iniquité,
Elle ne croyoit pas pouvoir être accablée.
Mais enfin la voilà dans un torrent de pleurs :
Ses cruels ennemis ont excité l'orage.
Ayez pitié de ses malheurs,
Seigneur, & sauvez votre ouvrage.

Societé, &c.

LEÇON III.

Manum suam.

Jou. C'EN est fait, l'ennemi, jusques dessous nos yeux,
A fait des conquêtes rapides :
On le voit, sur nos biens, porter ses mains avides.
Mais, ce qui nous paroît beaucoup plus odieux,
Nous le voyons ce téméraire,
Ne croyant plus chez nous trouver de Sanctuaire,
Rire de nos Autels, de nous & de nos dieux.

Omnis populus.

Ca.   Frappés de toutes ces allarmes,
Nous gémissons secrettement ;
N'ayant, dans notre abaissement,
D'autre ressource que nos larmes,
Nous cédons volontiers tout ce que nous avons,
Pour soulager un peu la faim qui nous dévore.

Pour toi, Seigneur, regarde encore
Dans quel opprobre nous vivons.

O vos omnes.

Sa.   Jugez, vous qui courez le monde,
Si quelque nation eût un plus triste sort,
S'il en fût en douleurs jamais de plus féconde.
        La nôtre est semblable à la mort.
Mais ne nous plaignons pas d'en être les victimes;
Nos infidélités ont creusé les abîmes,
        Dont Dieu, dans sa juste fureur,
        Avoit menacé le pécheur.
Ainsi, ces cruels fleaux étoient dûs à nos crimes.

De excelso.

  Tou. Le feu de sa colere, en pénétrant nos os,
        Eût instruit un esprit docile;
        Mais remplis de fiel & de bile,
Nous n'en avons, hélas! commis que plus de maux.
Quel affreux désespoir, quelle douleur amere!
        Embarassés dans des filets
        Qui détruisent tous nos projets,
Nous ne voyons plus rien qui ne nous désespere.

Vigilavit jugum.

  Gou. Dans sa main irritée, il a comme entassé
        Nos offenses, nos injustices:
        Il fait ses plus cheres délices
        Du joug qui nous a terrassés.
        Que manquoit-il à sa vengeance?
        Sous la main de nos ennemis
        Honteusement il nous a mis,
        Sans espérer de délivrance.

    Societé, &c.

LEÇON IV.

Cogitavit Dominus.

Au. Oui, Dieu l'a résolu, notre Societé,
  Que jamais rien n'a pu réduire,
Est au comble aujourd'hui de son impieté,
  Et tout est prêt pour la détruire.
Déja tenant en main le funeste cordeau,
Dieu menace nos murs, s'approche & les mesure ;
  Il en va briser la structure,
Et sous leurs fondemens nous creuser un tombeau.

Defixæ sunt gentes.

Bo.   Déja nos portes sont par terre,
Leurs frontons abattus & leurs gonds arrachés.
  C'est la grandeur de nos péchés
  Qui nous attire cette guerre,
Tous nos Chefs sont bannis, nos Satrapes captifs,
  Nos gouverneurs de conscience
  Réduits, condamnés au silence ;
Nos Prophêtes sur-tout, muets & fugitifs.

Sederunt in terra.

Car.   Nos vieillards qu'on alloit entendre,
  A terre couchés tristement,
  Sans parole, sans mouvement,
  Ont couvert leur tête de cendre.
  Sur leurs habits & dans leurs yeux,
On peut lire aisément le désespoir affreux
  Qui nous dévore & nous déchire.
Le Sexe qui nous suit en gémit & soupire ;
Mais nous ne sçavons pas si ce gémissement
Vient d'un propre intérêt ou d'un foible penchant.

Defecerunt præ lachrymis.

Har.   Nos yeux ont épuisés leurs larmes,

A force de pleurer ils se sont obscurcis;
Mais sans cesser d'être endurcis,
Nos cœurs éprouvent ces alarmes;
Toujours pleins du bonheur passé,
Et de tous les emplois dont on nous a chassé.
De nos larmes de sang rien ne tarit la source :
Comme un enfant qui naît & qui meurt à l'instant,
Tout s'évanouit sans ressource.

Societé, &c.

LEÇON V.

Matribus suis.

Be. LES plus puissans d'entre nos freres,
Demandent à leurs Protecteurs
Du pain, pour soulager leur faim & leur misere.
Mais comme tout est sourd à leurs cris à leurs pleurs,
Ils vont tomber en défaillance,
Et semblables à ces blessés,
Qu'en un champ de bataille un vainqueur a laissés;
Ils attendent la mort sans aucune espérance,
Et de la propre main qui leur donna naissance.

Cui comparabo te.

Da.   Malheureuse Societé,
Quelle douleur peut être à ta douleur égale ?
En a-t-on vu de plus fatale ?
Et dans cet obélisque à ta honte planté,
Pour apprendre aux mortels ta doctrine infernale,
Trouvois-tu plus de dureté ?
Non, il n'est point de mal que ton tourment n'excéde.
L'absynthe, le fiel & la mer,
N'ont rien qui ne soit moins amer.
Où recourir, hélas ! pour trouver du remede ?

Prophetæ tui.

Buf. Les ridicules visions
De tes politiques Ministres,
Sans craindre ni prévoir ces accidens sinistres,
N'avoient fait que remplir ton cœur d'illusions.
Sans cesse ils te berçoient de la folle espérance
D'abattre, d'écraser tes nombreux ennemis,
Et de voir sous tes pieds, tout le monde soumis.
Loin d'employer leur éloquence,
A t'inspirer la pénitence.

Plauserunt super te.

Po. Ainsi trop attentive à leurs discours trompeurs,
Tous les passans t'ont méprisée :
Te voilà devenue un sujet de risée,
Même à ceux qui t'offroient leur encens & leurs cœurs.
On sifle, on bat des mains, en secouant la tête :
On dit, d'un air moqueur, plein de malignité :
Est-ce là ce grand Corps, cette Société,
Qui formoit à son gré, le calme & la tempête ?

Societé, &c.

LEÇON VI.

Ego vir videns.... Me minavit.... Tantum, &c.

Bri. Pendant qu'on cache au criminel
Les instrumens de son supplice,
Tous ceux de notre sacrifice
Sont avec appareil étalés sur l'Autel.
Mais nous devions sçavoir cette ancienne menace,
Que livrés aux transports d'un esprit ténébreux,
Nous tomberions un jour dans un état affreux,
Sans espoir de rentrer en grace.

Vetusta fecit.... Ædificavit..... In tenebrosis.

Por. Endurcis par les châtimens
Dont Dieu, toujours trop débonaire,
Punissoit nos égaremens,
Nous n'avions fait, hélas ! qu'irriter sa colere,
Que l'enflammer par nos mépris.
Ainsi ne soyons pas surpris,
Si notre ame est abandonnée
Aux chagrins les plus dévorans,
Et si, les yeux creusés & la peau basanée,
Nous paroissons à tous des squelettes vivans.

Circum ædificavit.... Sed & cum clamavero.... Conclusit.

Ra. Quelle triste & cruelle vie !
De tous côtés, hélas ! nous sommes investis :
Il n'est plus pour nous de sortie,
Ceux qui veille sur nous, de tout sont avertis.
Tout est disposé de maniere,
Que pour nous consoler, nous voir, nous secourir,
Il faut trop de risques courir ;
Dieu même ne veut plus écouter de priere.

Societé, &c.

LEÇON VII.
Misericordiæ Domini.

Ro. SI nous vivons encor, c'est la seule bonté
Du Seigneur qui soutient notre extrême foiblésse.
Elle peut adoucir, calmer notre tristesse,
Elle peut rappeller notre félicité.
Dans cete triste confiance,
A lui seul nous devons avoir notre recours,
Implorer son puissant secours :
Il ne trompe jamais une ferme espérance.

Novi diluculò.... Pars mea.... Bonus est.

Be. Qu'un chacun d'entre nous dife au fond de son cœur;
  Le Seigneur sera mon partage,
  Mon bien, mon unique héritage,
Ma consolation, mon souverain bonheur.
Attendons de ce Dieu, dans un humble silence,
Qu'il daigne dégager de toutes les erreurs,
Nos esprits égarés, purifier nos cœurs
Et nous faire éprouver sa divine clémence.

Bonum est.... Bonum est.... Sedebit.

Har. Jusqu'à ce jour flattés, applaudis, estimés,
  Nous vivions tous dans l'ignorance
  De ce qu'on appelle souffrance,
Nous comptions hardiment d'être toujours aimés ;
Mais le Dieu de Sion est juste en sa vengeance,
  Il a puni notre arrogance ;
Son bras s'est fait sentir par des traits enflammés.
  Souffrons donc avec patience,
Portons ce rude joug, comme si dès l'enfance,
Nos cœurs à le porter étoient accoutumés.

Ponet in pulvere.... Dabit percutienti....

Go. En nous humiliant nous n'avons rien à craindre ;
  On aura beau nous insulter,
  Nous frapper, Nous inquiéter :
Nous tâcherons toujours de souffrir sans nous plaindre ;
Mais il faut que le cœur soit le plus abattu :
Qu'un humble sentiment fasse notre vertu.
  Nous l'avouons, sujets à feindre,
  C'est cruellement nous contraindre.

Societé, &c.

LEÇON VIII.
Quomodo obscuratum est....

Do.   Comment ces superbes Palais,
        Ces magnifiques Edifices,
Vont-ils être rasés ? hélas ! sont-ils complices
        De nos sacriléges forfaits ?
Les voilà dépouillés de toutes leurs parures :
        Ils ne présentent à nos yeux
        Que des débris, que des masures.
Sans doute on les prendra pour des prophanes lieux,
        Ou pour des temples des faux dieux.

Filii Sion inclyti.

Fo. Qui l'auroit jamais cru, que notre Compagnie
Seroit sujette un jour à tant d'ignominies ?
Et que ses fiers enfans, en tous lieux si vantés,
        Se verroient ainsi rejettés ?
Ils fouloient l'or aux pieds d'une façon altiere :
Ils étoient insultans.... Mais enfin méprisés,
Comme des pots impurs qu'un potier a brisés,
        Les voilà réduits en poussiere.

Sed & lamiæ.

Del.   Quoi donc les monstres, les dragons
        Et les bêtes les plus cruelles,
        Pour leur présenter leurs mamelles,
        Cherchent leurs petits nourissons.
Et toi, Societé, mere dénaturée,
        Comme l'autruche sans raison,
Tu laisses tristement les tiens à l'abandon.
Ne mérites-tu pas d'en être déchirée ?

Adhæsit lingua.

Ra.   Oui, ceux qui pendent à ton sein,
        Marâtre dure & misérable,

Lamentations

Sont dans un état lamentable.
Par la soif comme par la faim,
A leur foible palais leur langue est attachée,
Et lorsque les plus grands te demandent du pain,
Pour leur en rompre, hélas ! ta main est desséchée.

Qui vescebantur croceis.

Tou.   Ces gloutons, ces voluptueux,
      Qui recherchoient la bonne chere,
      N'ont pas de quoi se satisfaire :
Ils sont prêts d'expirer, comme des malheureux,
Dans la plus dégoutante & la plus sale ordure.
      Ils trouvent leurs meilleurs morceaux,
      Et comme des vils animaux,
      Elle leur sert de nourriture.

Et major effecta est.

Va.   Il semble que l'iniquité,
      Et de Sodome & de Gomorrhe,
Dont, avec tant d'horreur, on se souvient encore,
      Le céde à notre impieté.
Dieu leur fit éprouver le poids de sa Justice.
Mais la punition ne dura qu'un moment :
      Et nous, hélas ! à chaque instant
      Nous souffrons le même supplice,
Sans oser espérer que jamais il finisse.

      Societé, &c.

LEÇON IX.

PRIERE.

Recordare, Domine.

Voyez, Seigneur, voyez avec quelle fureur
      Chacun d'opprobres nous accable,
      Et daignez, contre un tel malheur,

Nous prêter le secours d'une main favorable.
 Sur tous nos biens, dans nos maisons,
 L'ennemi portant le ravage,
 Ose donner pour ses raisons,
Qu'il ne fait que rentrer dans son propre héritage.
Comment lui résister ? nous sommes sans appui.
 Nous avons perdu notre Pere,
 Et nous voyons que notre Mere
Est prête à succomber sous le poids de l'ennui.
Ah ! que nous payons cher cette eau délicieuse
Du torrent séducteur de la prospérité,
Dans lequel s'enivroit notre Société,
 Jusqu'à présent impérieuse.
Alors nous ne faisions qu'effrayer l'innocent :
Et lui-même aujourd'hui nous surcharge de chaînes.
Nous ne voyons par-tout qu'un dessein menaçant.
Où pouvoir donc trouver du repos à nos peines ?
Comme le Juif stupide au fier Assyrien,
Irons-nous exposer notre triste misere ?
Irons-nous demander au dur Egyptien
 La servitude pour salaire ?
Vos Peres, diront-ils, les plus accrédités
 Ont entassés crimes sur crimes :
Ils ne sont plus ; & vous, de vos iniquités,
 Soyez maintenant les victimes.
 Telle est la rude extrémité
Où nous sommes réduits par nos propres esclaves :
Et bien loin que l'on songe à briser nos entraves,
Chacun rit de nous voir dans la captivité.
Pour parer, il est vrai, le coup qui nous foudroie,
 Nous fuyons jusques au désert.
 Mais qu'est-ce que cela nous sert ?
Le Dieu qui nous poursuit y trouvera sa proie.
Comme un four que la flamme a rendu sec & noir,
Notre teint est obscur & notre peau livide.
Mais ce n'est rien au prix de notre cœur perfide,
Dont les replis secrets feroient horreur à voir.

Lamentations des Jésuites.

Ah ! quel redoublement de dépit & de rage !
  Quel furcroît de confufion !
  L'on deshonore, l'on outrage
  Ces plus doux fruits de nos conquêtes,
  Ces amazones toujours prêtes
A faire notre éloge, à défendre nos droits.
Les voit-on humblement fe foumettre à nos loix ?
On dit que nous flattons leur fafte & leur molleffe.
Les voit-on de leurs biens enfler nos revenus ?
  On dit qu'à l'intérêt vendus,
  Nous abufons de leur foibleffe.
Les voit-on fans raifon, fans efprit, fans bon fens,
Contre nos ennemis, crier, parler, écrire ?
  On dit qu'en brouillons infolens,
  Nous leur infpirons ce délire.
  On nous reproche à haute voix,
Qu'aux Veftales fur-tout qui vivoient fous nos loix,
  Sans égard à leur confcience,
  Nous donnions entiere licence,
Jufte prix de leur zele à s'immoler pour nous,
  Pour nos temples, pour nos écoles.
  Ce qui fait dire à nos jaloux,
  Qu'elles nous écoutoient en folles,
  Comme nous leur parlions en fous.
Que de maux ! que de honte ! Ah ! Seigneur, & de grace,
Selon tous ces forfaits, ne nous châtiés pas,
  Où du moins, à nos attentats,
  N'égalez pas notre difgrace.

  Sociéte, Sociéte,
  Pleurez & faites pénitence,
  Mettez en Dieu votre efpérance
  Il eft toujours plein de bonté
  Pleurez & faites pénitence.

FIN.

www.ingramcontent.com/pod-product-compliance
Lightning Source LLC
Chambersburg PA
CBHW061622040426
42450CB00010B/2622